AF469117

Las Cigüeñas

H. Christian Andersen

Parramón

Érase otra vez...

Las Cigüeñas

Idea y realización: PARRAMÓN EDICIONES, S.A.

Editor: JESÚS ARAÚJO
Textos: *HANS CHRISTIAN ANDERSEN*
Ilustraciones: ESTHER MERCHÁN
Tratamiento de las ilustraciones, diseño y maquetación: ALEHOP

Primera edición: Marzo 2010

Editado y distribuido por Parramón Ediciones, S.A.
c/ Rosselló i Porcel 21, planta 9, 08016 Barcelona (España)
Empresa del Grupo Norma de América Latina

www.parramon.com

Dirección de Producción: RAFAEL MARFIL
Producción: MANEL SÁNCHEZ
ISBN: 978-84-342-3631-8
Depósito legal: B-5.964-2010
Impreso en España

Érase otra vez...

Las Cigüeñas

H. Christian Andersen
Ilustraciones: Esther Merchán

Sobre el tejado de la casa más apartada de una aldea había un nido de cigüeñas. La cigüeña madre estaba posada en él, junto a sus polluelos, que asomaban las cabezas con sus piquitos negros, pues no se habían teñido aún de rojo.

A su lado permanecía el padre, erguido y muy tieso; tenía una pata recogida, para que no pudieran decir que el montar la guardia no resultaba cansado. Se hubiera dicho que era de palo, tal era su inmovilidad.

— Es de muy buen tono que mi mujer tenga un centinela –pensaba– Nadie tiene que saber que soy su marido. Seguramente todo el mundo pensará que me han puesto aquí de vigilante. Eso da mucha distinción…

Y siguió de pie sobre una pata.

En la calle, un grupo de chiquillos al darse cuenta de la presencia de las cigüeñas, comenzaron a cantar:

Cigüeña, cigüeña, vuélvete a tu tierra
más allá del valle y de la alta sierra.
Tu mujer se está quieta en el nido,
y todos sus polluelos se han dormido.
El primero morirá colgado,
el segundo chamuscado;
al tercero lo derribará el cazador
y el cuarto irá a parar al asador.

— ¡Mira lo que dicen! ¡Nos van a colgar y a chamuscar! –se quejaron los cigoñinos amargamente.

— No os apuréis, mirad qué tranquilo está vuestro padre sosteniéndose sobre una pata –los consolaba la cigüeña.

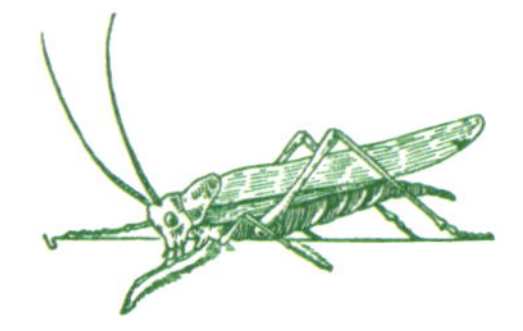

Transcurrió algún tiempo. Los polluelos habían crecido lo suficiente para poder incorporarse en el nido y dominar con una mirada un buen espacio a su alrededor.

Y el padre cigüeño acudía todas las mañanas provisto de agua, ranas, peces, saltamontes y otras golosinas que encontraba.

¡Había que ver las exhibiciones con que los obsequiaba! Inclinaba la cabeza hacia atrás, hasta la cola, castañeteaba con el pico como si fuese una carraca, y hasta les contaba historias, todas acerca del cenegal.

Un buen día, la madre dijo que había llegado la hora de empezar a volar. ¡Cómo se tambaleaban! ¡Cómo se esforzaban en mantener el equilibrio con las alas!

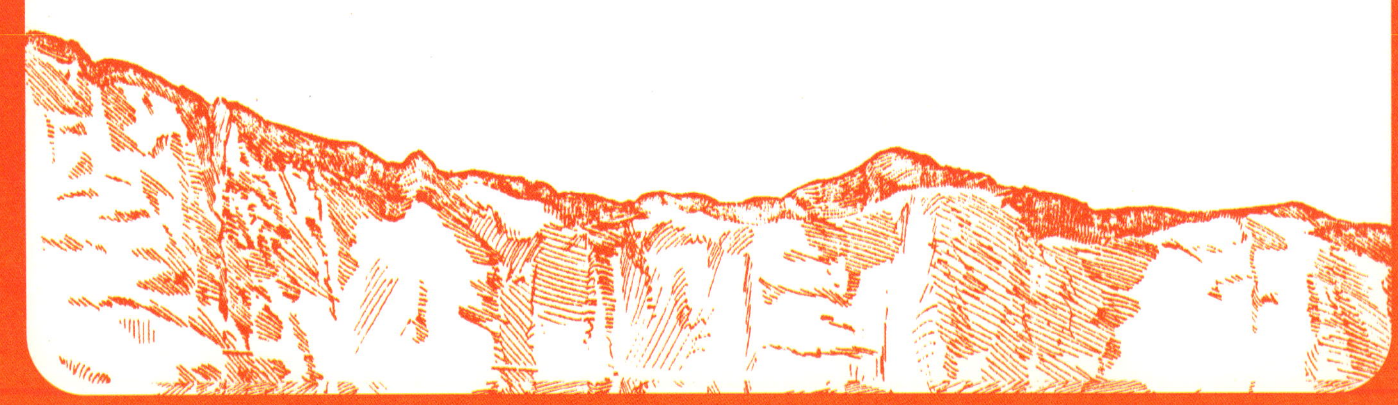

—¡Fijaos en mí!
–dijo la cigüeña.
Debéis poner la cabeza
así, y los pies así: ¡Un,
dos; un, dos! Y se lanzó en un
breve vuelo, mientras los cigoñinos
daban un saltito y uno se empeñó en
que no quería volar.

Al tercer día ya volaban un poquito, con bastante destreza, y se creyeron capaces de mantenerse en el aire con las alas inmóviles, pero empezaron a dar volteretas y tuvieron que darse prisa en poner sus alas en movimiento.

Los chicos volvieron a cantar la canción contra las cigüeñas.

— ¿Por qué no bajamos en picado y les sacamos los ojos a todos?– murmuraron los cigoñinos.

— Dejadlos gritar lo que quieran. Vosotros sabréis volar y estaréis en el país de las pirámides, mientras ellos pasan frío y no ven ni una hoja verde, ni una manzana.

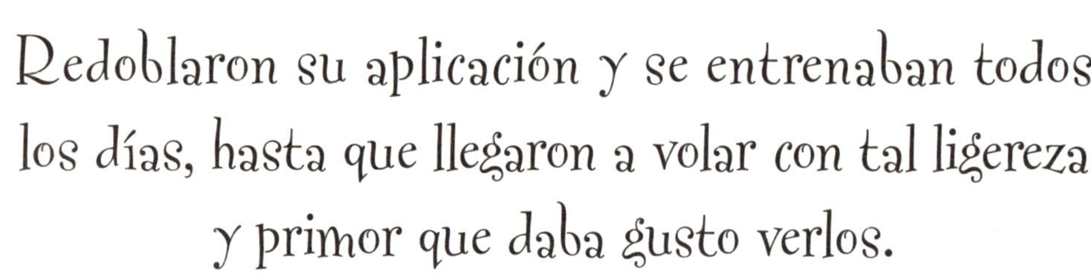

Redoblaron su aplicación y se entrenaban todos los días, hasta que llegaron a volar con tal ligereza y primor que daba gusto verlos.

Estaba llegando el otoño y todas las cigüeñas se reunieron para emprender juntas el vuelo a las tierras cálidas.

Iban a iniciar un largo viaje lleno de peligros y sorpresas, al país donde su madre cigüeña les había dicho que había casas con tejados en forma de triángulo que se llamaban pirámides, y pasarían también por tierras donde convivirían con elefantes y pelícanos.

Pero antes de emprender el vuelo, todas las cigüeñas pactaron un castigo muy cruel para todos los niños que cantaron la canción contra ellas. Juraron que nunca les llevarían un hermanito o hermanita, por mucho que lo desearan.

Fin

Hay lugares en la tierra
donde se dice que:
"En San Blas la cigüeña verás y,
si no la vieres, año de nieves".
Pero las cigüeñas siempre
vuelven a sus nidos.